はじめに

インターネットを上手に使えば、世界中から情報を集めることができ、遠くに住む人とも楽しくメッセージやメールをやりとりできます。小学校・中学校でも、積極的に導入が進められるようになりました。

一方で、インターネットには子どもにとって有害な情報も数多くあります。SNSなどを使って誘い出されて、犯罪被害にあう事件も増えてきました。
また、ツイッターやブログに名前や写真を公開することで個人情報がどんどん漏れ出す事件も起きています。

本書は、インターネット、そして携帯電話やスマートフォンを安全に使うための基本的なルールを親子で学べる構成になっています。インターネットには常に新しいサービスが誕生しています。子どもまかせにすることなく、お父さん、お母さんも新しいことを学んでいく姿勢が必要です。

弟（ゆうき）

小学4年生。インターネットは始めたばかりで、何もかも新鮮。でも今のところは、友達と虫捕りに行ったり、外で遊ぶ方が楽しいみたい。

イヌ（ペロ）

家族の行動に興味津々で付いていく。でも、ついつい間違った道に行くことも。

家族の紹介

トリ
（緑：アン・黄：ドゥ・青：トロワ）

危険をいちはやく察知して飼い主に知らせようとしているが、はたして伝わっているのか？

姉（さくら）

お母さん

お父さん

中学1年生で、ちょっとおませさん。学校では、インターネットで見つけた楽しい情報を友達に話すこともある。

もっぱらメールとショッピングでインターネットを利用。子どもの安全を守るため、セキュリティについて勉強中。料理の腕が自慢。

仕事でパソコンを使うので、知識は豊富。セキュリティの設定はお父さんがやっている。趣味は模型づくり。

本書の読み進め方

本書を読み進める前に、まずはお父さん、お母さんと、お子さんの間で基本的な「やくそく」を決めておきましょう。次のページに、最初に決めておくべきことをまとめています。そして、それ以外の約束事は、本書を読み進めながら、話し合って決めていきましょう。

本書では、小学生向けの項目には 、中学生向けの項目には のマークをつけていますが、小学生のうちに、どんどん読み進めて、インターネットの世界にどのようなキケンがあるのかを勉強しておいてもよいでしょう。

本書の偶数ページにはインターネットを利用する際に気をつけてほしいことをイラストと簡単なコメントで解説しています。低学年のお子さんにはこちらを読んでもらいましょう。

奇数ページには詳しい解説を加えています。お父さん・お母さんはこちらを読んで、お子さんに詳しく説明してあげてください。解説にもふりがながふってあるので、お子さんが小学校の中学年・高学年になったら、自分で読み進めてもらって大丈夫です。

●本書に登場する会社名、製品系、サービス名は、各社の商標および登録商法です。
●本文中に™および® マークは明記していません。
●本書の内容は、著作権法上の保護を受けております。
株式会社ジャムハウスによる許諾を得ずに、内容の一部あるいは全部を無断で複写・複製・転写・転載・翻訳・デジタルデータ化することは禁じられております。

家族で「やくそく」を作ろう

本書を読む前に、まず次の「やくそく」を決めておきましょう。その他のやくそくは、本書を読み進めながら、親子で話し合って決めていきましょう。

● パソコンの置き場所は、リビングルームなど、わからないことをすぐにお父さん、お母さんに聞く事ができるところにする（スマートフォンも、自分の部屋に持ちこまない、あるいは寝るときにはリビングルームに置くなどのルールを決めておきましょう）

● パソコンやスマートフォンの利用時間は、お父さん、お母さんと話し合って決める（1日1～2時間程度が目安）

● 小学生のあいだは、個人のメールアドレスやSNSのアカウントを持たない（中学生になって、お父さん、お母さん、先生の許可をもらえたら、個人アドレスを持っていいです）

このほかにも、見てもいいサイト、使っていいアプリ、買い物の方法、SNSへの参加方法などを決める必要があります。本書を読みながら相談し、巻末の「やくそく表」を完成させてください。

もくじ

はじめに／家族の紹介……2　　本書の読み進め方……4

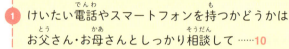

1. けいたい電話やスマートフォンを持つかどうかは
お父さん・お母さんとしっかり相談して……10
2. けいたい電話やスマートフォンを持つなら
お父さん・お母さんとのやくそくを守ろう……12
3. けいたい電話やスマートフォンでネットに接続するときには
必ずフィルタリング……14
4. スマートフォンやけいたい電話でゲームをやるときは注意しよう
いつのまにかお金がかかっているかも……16

解説　◆携帯電話とスマートフォンの落とし穴に注意……18

コミュニケーション編

5. ツイッターやフェイスブック、インスタグラムなどのSNS、LINEや
ブログの利用はお父さん・お母さんと相談……22
6. SNSやブログで仲良くなった人から名前や住所、電話番号を聞かれても
返事してはダメ……24
7. SNSやブログに友達の名前や住所、電話番号を書きこんではダメ……26
8. SNSやブログ、動画共有サービスは誰に見られているか知っておこう……28

解説　◆ツイッターやLINEなどの新しいコミュニケーション……30

⑨ SNSやブログで「会いたい」と言われても会ってはダメ……32
⑩ SNSやブログで悪口を書かれても返事してはダメ。
こまったらお父さん・お母さんに相談……34
⑪ SNSやブログで人やお店の悪口を書いてはダメ……36
⑫ SNSやブログ、LINEで発言するときは、もう一度読み直そう……38

解説 安全なコミュニケーションのために……40
◆著作権・肖像権の約束を守る……42

インターネット編

⑬ お父さん・お母さんと見たことがあるホームページからスタート……44
⑭ インターネットでのさがしものはお父さん・お母さんといっしょに……46
⑮ はじめてのリンクはクリックするまえに、お父さん・お母さんに相談……48
⑯ 変なページがひらいたらすぐに
ブラウザをとじてお父さん・お母さんにほうこく……50
⑰ プレゼントがあると言われても名前や住所、電話番号を入力してはダメ。
じょうほうをぬすむワナかもしれない……52
⑱ マッチングアプリや出会いけいサイトでは、
本当の友達やこいびとは見つからない……54
⑲ インターネットでのお買い物はお父さん・お母さんといっしょに……56
⑳ インターネットのじょうほうにはウソやまちがいもある……58
㉑ 勝手にデータをダウンロードしてはダメ。
ウイルスにかんせんするかもしれない……60

22 パスワードは仲の良い友達にも教えてはダメ
　これはパソコンを使う人同士のやくそくごと ……62

23 セキュリティのせっていをかってに変えたらダメ。
　うっかりさわっちゃったら、お父さん・お母さんにほうこく ……64

　解説 ◆パソコンのセキュリティ設定 ……66
　　　 ◆安心できるショッピング・オークションサイトの見分け方 ……68

メール編

24 知らない人からメールが来たらひらいちゃダメ。
　お父さん・お母さんにほうこく ……70

25 友達のフリをするウソつきメールに注意する ……72

26 知らない人からのメールに返信してはダメ。
　めいわくメールがもっとふえる ……74

27 知らない人からのメールの中にあるリンクをクリックしてはダメ ……76

28 メールのてんぷファイルをいきなりひらいてはダメ。
　ウイルスにかんせんするかも ……78

29 せいきゅうメールが届いてもあなたは悪くない、
　お父さん・お母さんに相談 ……80

30 モデルになりませんか、お金がもうかりますと言われても
　れんらくしてはダメ。おいしい話はないものです ……82

31 銀行などから問い合わせがきたら、お父さん・お母さんにほうこく……84
32 不幸の手紙（チェーンメール）が来てもむし。不幸にはならない……86
33 メールやメッセージを出すときは
気もちがちゃんと伝わるかもう一度読み直してみよう……88

解説 ◆安全なメールやメッセージのやりとり……90

安全に役立つサイト紹介……92
書き込み式 家族のやくそく表……94

携帯電話・スマホ編

けいたい電話やスマートフォンを持つかどうかはお父さん・お母さんとしっかり相談して

お父さんへ　お母さんへ

　子どもが携帯電話やスマートフォンを持つことには、メリット、デメリットがあります。メリットは、いつでも連絡して居場所を確認できるところです。一方デメリットは、親の目が届かないところで交友関係が広がったり、SNSのやりとりなどに、のめり込んでしまう危険があることです。また、電話やゲーム、動画視聴をやりすぎて、利用料金が極端に多くなる場合もあります。

　利用するかどうかは、学校の方針や地域の状況もあるので、周囲の保護者の方とも相談しながら決めてください。

　携帯電話やスマートフォンを選ぶ際には、通話料金の上限、通話先の限定、利用できる機能の制限ができるものがおすすめです。また、子どもの居場所を把握できるGPS機能付きの製品もあります。

携帯電話・スマホ編

けいたい電話やスマートフォンを持つなら
お父さん・お母さんとのやくそくを守ろう

お父さんへ　お母さんへ

　もし子どもに携帯電話やスマートフォンを持たせるなら、保護者とのルールを必ず作りましょう。メールやインターネット利用時の危険は、パソコンと同様です。また、携帯電話やスマートフォンならではの落とし穴もあるので、ルールに入れ込んでおいてください（18ページを参照）。

携帯電話・スマホ編

けいたい電話やスマートフォンで ネットに接続するときには 必ずフィルタリング

お父さんへ　お母さんへ

　危険なサイトにアクセスしないようにしてくれるフィルタリングサービスは、心強い味方です。携帯電話やスマートフォンを契約する際に、18歳未満の場合は保護者が申し出ない限り、フィルタリングサービスを適用することが義務づけられています。必ず適用を受けるようにしましょう。

　ただし、スマートフォンの場合には注意が必要です。無線LAN（Wi-Fi）を利用してインターネットに接続している間は、携帯電話会社のフィルタリングサービスが無効になってしまいます（21ページ参照）。

携帯電話・スマホ編

スマートフォンやけいたい電話でゲームをやるときは注意しよう
いつのまにかお金がかかっているかも

お父さんへ　お母さんへ

スマートフォンや携帯電話向けに、無料のゲームを配信するサービスがあります。ただし、ゲーム内でアイテムを購入したり、イベントに参加すると、料金がかかる場合があります。このとき、料金はゲーム内で使う通貨の単位で表示されることもあります。子どもが実際にお金がかかるとは思わず実行してしまい、請求書に「コンテンツ使用料」として課金されて初めて判明する場合もあります。

また、単にゲームだけで遊ぶつもりで登録したのに、出会い系サイトのように使うユーザーが潜んでいる場合もあります（31ページ参照）。子どもにとって危険だと思ったら、早急に登録を解除してください。

携帯電話とスマートフォンの落とし穴に注意

●インターネットやメールの利用で気をつけることはパソコンと同じ

子どもに携帯電話やスマートフォンを持たせるかどうかは慎重に検討することが必要です。学校や地域の方針も参考にしてください。

利用する場合、インターネットの利用やメッセージの送受信の際に気をつけるべきことはパソコンの場合と同様です。それ以外に、携帯電話やスマートフォンならではの注意事項もあります。

●メールに表示される電話番号をクリックしてはダメ

携帯電話やスマートフォンのメールに電話番号が書かれている場合、クリックすれば自動的に相手に電話がかけられます。便利な機能ですが、知らない人からのメールに書かれた電話番号をクリックするのは危険です。どんな相手が出るかわかりませんし、こちらの電話番号が通知されて知られることにもなります。特にお知らせや広告のメールに表示されている電話番号は、絶対にクリックしてはいけません。

●番号登録していない人からの電話に出たり、折り返してはダメ

携帯電話やスマートフォンのアドレス帳に登録している人から電話がかかると、登録した名前が表示されます。電話番号しか表示されない場合、登録していない相手ということになります。

小学生のお子さんが使用する携帯電話やスマートフォンには、あらかじめ自宅や両親の携帯電話など、かかることが予想される番号を登録しておい

てあげましょう。そして、それ以外の電話には出ないように約束しておきましょう。

うっかり勧誘の電話などに出てしまうと、何度もしつこくかけてこられます。子どもを誘い出そうとする電話かもしれません。また、不在着信に登録名が表示されない場合にも、折り返して電話しないようにしましょう。

●携帯電話やスマートフォンにはロックをかけておく

携帯電話やスマートフォンには、暗証番号を入力しないと操作をできなくするなどといったロック機能が付いています。この機能をオンにしておけば、万が一落としてしまった場合にも安心です。勝手に使われてしまうこともありませんし、アドレス帳に登録している人たちの電話番号やメールアドレスといった個人情報も守ることができます。

また、お子さんに携帯電話やスマートフォンを持たせている場合、落としたらすぐに保護者に報告するように言っておきましょう。

●携帯電話やスマートフォンを拾った人から連絡があっても自分だけで会いに行かない

携帯電話やスマートフォンを落とした場合、「あなたの携帯(スマホ)を拾ったので取りに来てください」と連絡が来ても、絶対一人で行ってはいけません。親切な人からの連絡かもしれませんが、犯罪を目的に呼び出している相手かもしれません。このような場合には、携帯電話やスマートフォンを警察に届けてもらうようにしましょう。

●1日、1月の使用上限を決めよう

携帯電話やスマートフォンは無料で使えるわけではありません。電話をか

ける、メールを送受信する、インターネットを見る、アプリなどをダウンロードする、すべてに通信費がかかります。そのことも、きちんと子どもに話しておきましょう。

定額のサービスもありますが、無制限に使わせるのではなく、1日、または1月の上限とルールを決めましょう。たとえば、家にいる間は使わない、有料のコンテンツは使用しないといった具合です。通話先を限定したり、決められた金額以上は使用できないようになっている携帯電話サービスもあるので、利用する方法もあります。

●メールやメッセージを使うか使わないか

通話だけでなく、メールの使用も気になるところです。携帯電話やスマートフォンでは通話するよりも、メールやメッセージのやりとりが多くなる場合もあります。パソコンよりも手軽で簡単なので、つい利用しがちですが、あまりにやりすぎると料金もかさみますし、うっかり迷惑メールを開いて、不適切なサイトへ誘導されることもあります。

基本的には、小学生のうちに個人のメールアドレスやSNSのアカウントを持つことはオススメしません。家族でアドレスを共有するなどし、子どものやりとりを保護者が見られるようにする使い方が良いでしょう。中学生になったら、周囲の保護者や、子どもともよく話し合って決めましょう。

●メールアドレスやLINEアカウントは人に教えない

携帯電話やスマートフォンでメールを使用する場合、パソコンのときと同様、メールアドレスを不用意に人に教えないように注意しましょう。もちろん友達のメールアドレスを、本人に確認せずに他の人に教えるという

のもいけません。

メールアドレスの取り扱いには十分注意するよう、日頃から話しておきましょう。LINEのアカウントも同様です。

●スマートフォンのフィルタリングサービスに注意

スマートフォンには、携帯電話とは違う特徴があります。例えば、自分で好みのアプリを追加できるなど、パソコンのような使い方ができます。また、インターネットへ接続するときには、携帯電話の回線を使う以外に、パソコンと同じ無線LAN（Wi-Fi）も利用できます。

携帯電話会社のフィルタリングサービスは、携帯電話の回線を使うときにだけ有効です。無線LAN接続している場合には無効となるので、注意が必要です。

現在では、スマートフォン向けのフィルタリングアプリも販売されています。携帯電話会社のサービスと、アプリの機能を併用するようにしてください。

国内では、デジタルアーツやシマンテックなどのソフトウェア会社が、パソコン用、スマートフォン用それぞれの対応アプリやサービスを提供しています。また、トレンドマイクロは、ホームネットワークに接続するすべての機器を守ってくれるサービスを提供しています。

● デジタルアーツ「i-フィルター」（http://www.daj.jp/）
● シマンテック「ノートン ファミリー」（https://family.norton.com/）
● トレンドマイクロ「ウイルスバスター for Home Network」
（https://www.trendmicro.com/ja_jp/forHome/products/vbhn.html)

コミュニケーション編

ツイッターやフェイスブック、インスタグラムなどのSNS、LINEやブログの利用はお父さん・お母さんと相談

お父さんへ　お母さんへ

　　不特定多数のユーザーが参加するSNSには悪意のある発言をする人や子どもを誘い出そうとする人もいるので、警戒が必要です。また、どんどん情報を発信できるブログやツイッターやフェイスブック、インスタグラム（30ページ参照）では、さまざまな個人情報がもれる可能性があります。ツイッターやフェイスブックなど、多くのSNSは利用できる年齢を13歳以上に設定しています。小学生のうちは、子どもだけで利用しないようにしましょう。

　　中学生以上になったら、お父さん、お母さんと相談ながら、利用するサービスを決めていきましょう。お父さん、お母さんも、子どもがどんなSNSを使っているのか見守りながら、自身でも閲覧や削除の方法を確認しておいてください。

🗨️ コミュニケーション編

SNSやブログで仲良くなった人から名前や住所、電話番号を聞かれても返事してはダメ

メッセージ

クマクマ
リボンちゃんって楽しいね。
どこにすんでるの？

リボン
ざんねんながら、ヒミツで〜す。

エライ！

ヒミツ！

お父さんへ　お母さんへ

　SNSやブログの参加者の中には、相手の個人情報を聞き出して悪用したり、相手を誘い出す目的で、名前や住所、電話番号を聞き出そうとする人がいます。

　こうした情報をぜったいに教えてはいけません。近所の駅やお店の情報を聞くことで、住所を探ろうとする人もいます。

　発言が丁寧で、優しそうな人だと思っても、実際にどんな人かはわかりません。個人情報を聞いてくるのは、ルール違反の悪い人だと考えましょう。

　また、写真の投稿にも注意が必要です。最近のスマートフォンやデジタルカメラで撮影した写真には、GPSの位置情報が付加されます。多くのSNSでは、投稿時に位置情報が自動で削除されますが、いま使っているSNSではどうなっているか、確認しておくべきです。

　また、写真だけでなく動画に写っている風景や建物から、場所が特定される場合があります。窓から見た風景や、家の近所で撮った写真や動画などは載せないようにしましょう。

コミュニケーション編

SNSやブログに友達の名前や住所、電話番号を書きこんではダメ

お父さんへ　お母さんへ

　前の項目で解説したように、個人情報を聞き出して悪用しようとする人がいます。自分の情報はもちろん、家族や友達、親戚など知っている人の情報も書き込んではだめです。その人宛にいたずら電話がかかったり、迷惑メールが届いたり、知り合いのふりをした連絡があったりして、迷惑をかけることになります。

コミュニケーション編

SNSやブログ、動画共有サービスは誰に見られているか知っておこう

お父さんへ　お母さんへ

　コミュニケーションのサービスで、連絡をやり取りする相手は、ほとんどの場合友達に限られます。そのため、投稿を読むことができるのは友達だけと、ついつい思ってしまいがちです。

　けれども、特別な設定をしたり、投稿方法を選んだりしない限りは、世界中の誰でも読めるように公開されてしまうことがほとんどです。親しい友達にしか話さないプライベートな情報が、たくさんの人に知られてしまうということも、起こります。

　公開の範囲がどのように設定されているのか、サービスごとにしっかりと確認しておいてください。

　YouTubeやニコニコ動画などの、動画共有サービスも同様です。特に設定しなければ、投稿した動画は誰にでも見られる状態になってしまいます。友達や家族だけで見たい動画は、「限定公開」などの設定にしておく必要があります。

　ただし、限定公開したつもりでも、ダウンロードされて、別の場所に公開されることもあります。人に見せられない情報や動画を投稿してはいけません。

ツイッターやLINEなどの新しいコミュニケーション

●小学生の間は使うべきではない?

インターネットを使って情報発信する方法には、ホームページやブログがあります。最近では、それに加えて、ツイッターやフェイスブック、LINEやインスタグラムなど「SNS」(ソーシャル・ネットワーキング・サービス)と呼ばれるサービスの利用者が増えています。

SNSの魅力は、誰でも簡単に投稿でき、インターネット上で友達と情報交換できるところです。けれども実は、SNSの多くは、13歳未満の登録を禁止しています。つまり、小学生の間は使うべきではないと考えてください。その上で、本書を読んでどのような危険があるのかを知っておきましょう。

●個人情報が広まることに注意

ツイッターやフェイスブックなどのSNSを利用して連絡をやり取りする相手は、ほとんどの場合、友達に限られるでしょう。そのため、自分の投稿を読むことができるのは友達だけと、錯覚しがちです。

サービスによっては、投稿の公開範囲を設定できますが、基本的には誰でも読むことができる状態になっていると考えてください。そのため、ふだん親しい友達にしか話さないプライベートな情報が、多くの人に知られてしまうということが、起こりがちです。

また、SNSには、プロフィールを書き込むページがあります。ここに、住所や学校名などの個人情報を書き込んで、公開しているケースも見かける

ことがあります。住所そのものを書かなくても、近所のお店などの情報から類推される場合もあるので、十分な注意が必要です。

●出会い系のように使われることも

SNSを使い始めたときに連絡し合うのは、もともとの友達に限られるでしょう。けれど、使っているうちに、友達の友達へと連絡の範囲は広がります。また、全然知らない相手から、突然メッセージが届くこともあります。中には、SNSを出会い系のように使おうとするユーザーもいて、連絡先などの個人情報を聞き出そうとしたり、会おうと連絡してくることもあるので、注意が必要です。実際に、子どもが誘い出される事件も起きています。

●実はネットゲームにも同じ危険がある

気軽にコミュニケーションできるSNSですが、個人情報がもれたり、出会い系のように誘い出される危険もあります。それと同じことが、実はネットゲームの世界でも起こっています。ネットゲームの世界では、参加者同士がグループを作って、ゲームを進める仕組みがあります。中には、メンバー間でメッセージをやり取りできることもあります。悪質なユーザーは、会話のなかからたくみに個人情報を盗んだり、誘い出したりしようとすることがあります。また、ネットゲームにユーザー登録したとたんに、「友達になりましょう」といったメールがたくさん届くこともあります。

こうしたネットゲームの世界で、実際にどのようなことが起こっているのかは、体験してみないとわかりません。もし、子どもが使ってみたいというネットゲームがある場合には、お父さん、お母さんもなるべく実際に体験してみることをお薦めします。

コミュニケーション編

SNSやブログで「会いたい」と言われても会ってはダメ

お父さんへ　お母さんへ

　SNSやブログで知り合った人から「会いたい」と言われ、待ち合わせ場所や時間を指定されることがあります。

　たとえ子どもしか参加できないはずのチャットルームで出会った相手でも、相手は年齢を偽った大人かもしれません。会いに行けば、犯罪にまきこまれることもあります。自分だけで会おうとするのは絶対に止めてください。

　ただし、いちばん危険なのは、子どもがこっそり一人で会おうとすることです。もしどうしても子どもが会いたがり、保護者の方がこれまでの会話の履歴などを見て、問題ないと判断したら、保護者同伴で会うことにしてはいかがでしょう。

　また、直接会わなくても、下着や裸の写真を送るように要求してくる相手もいます。

　もちろん、送ってはダメです。

　「いやらしい写真をほしがる相手は、あなたのことを大切にする人ではない」ことを伝えてあげましょう。

コミュニケーション編

SNSやブログで悪口を書かれても返事してはダメ。こまったらお父さん・お母さんに相談

お父さんへ　お母さんへ

　SNSやブログでは、相手の顔が見えないのをいいことに平気で相手を傷つける書き込みをする人がいます。また、悪意はないのに、相手を傷つける文章を書いてしまう人もいます。こうした書き込みにカッとなって返信すると、よけいに争いが大きくなります。また、保護者が考えている以上に、それを読んだ子どもがショックを受けることもあります。こうした書き込みがあったら、必ず保護者に相談するように約束しておきましょう。保護者は、冷静に状況を見て、説明し、子どもを落ち着かせてあげましょう。また、証拠のために、画面のスクリーンショットや写真を保存しておいてください。

　また、「学校裏サイト」と呼ばれる掲示板や秘密のLINEグループも問題になっています。学校内の話題が書き込まれ、子ども同士が悪口を書きあうなどし、いじめの原因となることもあります。こうしたグループの存在を知ったら、学校の先生とも連携して対応することが必要です。個人を特定できる書き込みなど、悪質な内容が見られる場合、SNSの運営者やプロバイダーに削除申請してください(93ページ参照)。

コミュニケーション編

SNSやブログで人やお店の悪口を書いてはダメ

お父さんへ　お母さんへ

　前の項目とは逆の立場で、こちらの素性や顔が見えないのをいいことに、ついつい人の悪口やお店、商品の悪口を書いてしまう子どももいます。人の悪口を言ってはならないのは、現実の世界も、インターネットの世界でも同様です。

　SNSやブログは世界中のあらゆる人の目に触れます。誰かを不快にさせる書き込みはやめましょう。

　もし相手の名誉を傷つけたり、お店の印象を落とすようなことになったら、訴えられることもあります。その場合、プロバイダーの記録から、発信者が突き止められます。

コミュニケーション編

SNSやブログ、LINEで発言するときはもう一度読み直そう

お父さんへ　お母さんへ

　悪意ある書き込みをするつもりがなくても、インターネットの文字のやりとりでは気持ちが伝わらず、相手を傷つけてしまうことがあります。
　特に、LINEやツイッターのダイレクトメッセージ（DM）の発言では、すばやく文字を入力することが多いため、問題が起こりがちです。書き終えていきなり送信するのではなく、いったん落ち着いて読み返し、送信ボタンをクリックするようにしましょう。

安全なコミュニケーションのために

● LINE グループへの参加について

　大人、子どもの両方に、利用者が増えているネットサービスに、LINE があります。LINE では、グループを作ってメッセージをやり取りするので、投稿した情報が誰でも見られる状態にはなりません。しかし逆に、LINE のグループ内にいじめの書き込みなどがあっても、外の人は気づくことができません。

　もし、子どもが LINE 内の投稿によるトラブルをかかえていることを知ったら、スクリーンショットや写真を保存しておいて、学校の先生にも相談するようにしましょう。

●ネットを介して子どもの写真を送らせる事件に注意

　ネットワークで知り合った相手から、あるいは実際に交際している相手から、裸の写真を送るように要求されることがあるかもしれません。けれども、交際相手のことを大切に思っている人が、裸の写真を要求することなどないと考えてください。

　こうしたことがあったとき、当然ですが、絶対に写真を送ってはダメです。いまは仲良く交際している相手でも、今後、うまくいかなくなったときに、復讐のために写真がばらまかれることがあります（このことをリベンジポルノと言います）。また、ネットに流通させてお金儲けしようとする人もいます。いったんネットに流通してしまうと、どんどんコピーされて、すべて削除することはまず不可能になります。

●他人の悪口を言ってはダメ

実生活において、人の悪口を言ってはいけないことは、誰もがわかっているとでしょう。しかし、インターネットでは、相手の顔が見えないし、こちらの素性を明かさず発言できるという気軽さもあり、ついつい悪口を書き込んでしまう人もいます。インターネットでも、普段の生活でも、「他人の悪口は言わない」というのは守るべきマナーです。

また、自分が悪口を書かれてしまった場合にも、怒って逆に相手の悪口を書き込んではいけません。書き込みを見つけたら、保護者に相談するように、約束しておきます。マナー違反の相手に何を書かれても、気にする必要がないことを伝えましょう。

子ども同士の場合、反論の書き込みをすることで、悪口がエスカレートしてしまうことがあるので、注意が必要です。

●ウソやいいかげんなことは書いてはダメ

インターネット上でウソやいいかんげなうわさ話などを書いてはいけません。それが真実だと思われ、広まることで、周囲の人に迷惑をかけることだってあり得るのです。

また、自分の名前を出さずに発言できるからといって、差別的な発言やマナーに反する書き込みをするのもいけません。匿名性のあるインターネットでも、自分の発言には責任を持つように心がけましょう。

●犯罪を勧めるようなことは書いはダメ

掲示板などでは、犯罪をほのめかす発言を書き込む人もいます。そういう発言を見かけたとき、助長してはいけません。ひどく怒った状態で乱暴

な発言をした人に対し、共感できたとしても、認めるような発言をしてはいけません。自分の味方をしてくれる人がいると思いこみ、犯罪に結びつくことだってあるのです。

● **ブログやホームページは世界中の人に見られる**

ブログやホームページ、SNSを使えば、誰もが世界中に向けて情報を発信できます。特にブログは、設定や更新が簡単なため、小学生でも簡単に開設できます。中には、友達同士の交換日記のように利用する子どももいるようです。

けれども、ブログやホームページは世界中の人に見られる可能性がある情報です。プライベートな情報を書いたり写真を掲載すると、たくさんの人に秘密を知られることになります。また、人の悪口を書いたら、それが当人の目にふれる可能性もあります。

他の項目でも解説していますが、個人情報や他人の悪口は、ぜったいに書き込まないようにしましょう。

著作権・肖像権の約束を守る

● **歌手の歌や写真をネット上に載せてはダメ**

SNS、掲示板、チャット、ブログなどで、自分の好きな歌の話をする人もよく見かけます。このときに気をつけたいのは、著作権のことです。他の人の書いた文章、撮影した写真、演奏した楽曲など、人の作成したものにはすべて著作権があります。すてきな歌詞だから、フレーズだからと

言って、一部でも引用して掲載してはいけません。どうしても掲載したい場合には作成者の許可が必要です。ツイッターなどでは、普通に会話する感覚になりがちですが、インターネット上に「書き込む」ことで、著作権を侵害することになるので、注意しましょう。

　文章の場合には、一部を引用して感想を書くことなどが認められていますが、著作権に関するルールを守る必要があります。

　詳しくは、文化庁の著作権に関するホームページなどもご参照ください。

文化庁「著作権」(http://www.bunka.go.jp/chosakuken/index.html)

●人の顔には肖像権がある

　好きな俳優や歌手のことを話題にした掲示板やブログを作っている場合に、その人の写真を載せるのは肖像権を侵害することになります。他のホームページに掲載されている写真をコピーして貼り込むのはもちろん、たとえ自分が撮った写真でも掲載してはいけません。掲載したい場合には、許可が必要です。タレントの場合には、肖像権だけでなく、パブリシティー権もあります。有名人の写真を出すことで、集客や宣伝に使うことができるので、無断の使用により、経済的な価値を侵害することにもつながります。

　また、被写体がタレントではなく友人など一般人の場合にも、不特定多数への無断公開は肖像権の侵害になります。親しい間柄の友人でも掲載するときには許可をとるようにしてください。たとえ、その人を中心にしているわけではなく、背後にちらっと写っているだけだという場合でも問題になることがあるので、注意が必要です。

インターネット編

お父さん・お母さんと見たことがあるホームページからスタート

お父さんへ　お母さんへ

　インターネットを利用すれば、家にいながら世界中の情報を見ることができます。ただし、中には子どもが見るのにふさわしくないホームページ（サイト）もたくさんあります。
　子どもがインターネットを利用する際には、まずはお父さんやお母さんと見たことがあるホームページからはじめるようにしましょう。最初のうちは子どもが安心して見られるホームページのみ、ブラウザソフトの「お気に入り」（ブックマーク）に登録しておいてあげるとよいでしょう。
　また、テレビや雑誌、広告などに表示されるホームページアドレス（URL）を入力するときは、はじめは一緒に見ながら手伝ってあげるようにしましょう。その際、子どもが見るのに適切なページかどうかの確認が必要です。

インターネット編

インターネットでの
さがしものは
お父さん・お母さんといっしょに

お父さんへ　お母さんへ

　インターネットでは、さまざまな情報を検索できます。宿題など調べごとで利用することもあるでしょう。ただし、検索結果には子どもが見るのにふさわしくない情報も含まれていることがあります。怪しいサイトへのリンクをクリックしたりしないよう、そばで手伝ってあげましょう。

　また、「Yahoo!きっず」のような子ども向け検索サイト（92ページを参照）を利用させる方法もあります。子どもが見ても安全なサイトのみ検索結果に表示されます。「お気に入り」（ブックマーク）に登録しておいてあげましょう。

インターネット編

はじめてのリンクはクリックするまえに、お父さん・お母さんに相談

お父さんへ　お母さんへ

　最初に開いたのが安全なページでも、リンクを何度もクリックするうちに、怪しいページが表示されることがあります。

　また、リンクと思ってクリックすると、プログラムが実行されたり、ダウンロードされたりして、ウイルスに感染することもあります。

　子どもに見せるページは、リンク先も安全かどうか確認しておくことが必要です。そして、そこから先のリンクには勝手に進まないように約束しておきましょう。

　とは言っても、すべてのページをチェックするわけにはいきません。そんなときにはパソコンに「フィルタリングソフト」というソフトウェアを入れる方法があります。有害なホームページの表示をブロックする仕組みを持つプログラムです（21、67ページ参照）。

🖱 インターネット編

変なページがひらいたら すぐにブラウザをとじて お父さん・お母さんにほうこく

お父さんへ　お母さんへ

　たとえ気をつけていても、子どもが大人向けのページを開いてしまうことがあります。子どもが見るのにふさわしくないのはもちろん、開くだけでウイルスに感染したり、こちらのパソコンから情報を盗まれることもあります。

　また、メッセージを表示して悪質なソフトをダウンロードさせ、利用すると高額な国際電話料金が請求されることもあります。どんな被害が起こるかわからないので、危ないと思ったら、すぐに閉じさせるようにしましょう。そして、危なかったことを保護者に報告させましょう。

　また、日頃からこうしたページにアクセスしていないか、ときどきホームページを見た履歴をチェックすることも必要です。

インターネット編

プレゼントがあると言われても
名前や住所、電話番号を
入力してはダメ。じょうほうを
ぬすむワナかもしれない

お父さんへ　お母さんへ

　インターネットには、ユーザーの個人情報を不正に入手するためのワナがさまざまな方法で仕掛けられています。たとえば、「お得なプレゼントが当たります」といった呼びかけで、ユーザーの住所や氏名、電話番号、家族構成を入力させるページがあります。

　まったく知らないページでは、一切の個人情報を入力してはいけません。また、よく見ている信頼できるページでも、必要以上の情報を入力するように求められたら、警戒してください。

　また、「個人情報取り扱いの方針（プライバシーポリシー）」が掲載されているか確認しましょう。ないページは信頼できません（69ページを参照）。

インターネット編

マッチングアプリや出会いけいサイトでは、本当の友達やこいびとは見つからない

お父さんへ　お母さんへ

　マッチングアプリや出会い系サイトを利用することは、一切禁止しましょう。

　マッチングアプリや出会い系サイトには、出会いを求める男女が集まります。顔の見えない相手同士が話を進め、実際に会うとトラブルが起きたり、殺人など重大な犯罪が起こることもあります。また、はじめから犯罪目的でこうしたサイトを利用する人もいます。

　小・中学生が好奇心からこうしたアプリやサイトを利用し、誘い出されて、犯罪被害にあう事件は後を絶ちません。ぜったいに利用しないように、注意しましょう。

　最近では、オンラインゲームサイトのコミュケーション機能や、SNSのコミュニティーサービス（30ページ参照）が出会い系のように悪用されることがあります。明らかな「出会い系」サービスではなくても、人と人が出会うサービスでは、注意が必要なのです。

インターネット編

インターネットでのお買い物はお父さん・お母さんといっしょに

お父さんへ　お母さんへ

　ショッピングやオークションのサイトでは、どんなに高額な商品でも選んでクリックするだけで買うことができます。購入にはユーザーの登録が必要ですが、お父さん・お母さんの登録を勝手に利用して、子どもだけで買い物することも可能です。ユーザー情報やパスワードは、しっかり管理しておきましょう。

　また、信頼できないサイトで子どもが買い物しようとし、勝手にユーザー登録をして、個人情報を流出させることもあります。

　買い物するときは、お父さん・お母さんが必ずそばにいて、信頼できるサイトを利用しましょう（68ページを参照）。

インターネット編

インターネットの じょうほうには ウソやまちがいもある

お父さんへ　お母さんへ

　インターネットは誰でも情報を発信できる場所です。そのため、不確かな情報やデマが掲載されることも少なくありません。また、昨年のニュースなど、古くなった情報がそのまま掲載されていることもあります。

　掲載されている情報はそのまま信じてはいけません。ニュースサイトなどいくつかのページで確認したり、テレビや新聞、雑誌などの情報と組み合わせて確認するようにしましょう。

　だまされて他の人に教えると、自分が恥ずかしい思いをしますし、人の悪口など悪意のあるデマを信じて広めることで、自分が悪者になってしまうこともあります。

インターネット編

勝手にデータを
ダウンロードしてはダメ。
ウイルスにかんせんするかも
しれない

お父さんへ　お母さんへ

　パソコンやスマートフォンで使うと便利なツールや、楽しいゲームなどのデータが公開されていて、自由にダウンロードできるホームページがあります。ただし、こうしたデータの中には、ダウンロードしたユーザーのパソコンの中の情報を勝手に盗み見るツールやウイルスが含まれていることがあります。

　まず、信頼できるホームページからダウンロードすること、プログラムのインストール時には使用許諾を確認することが必要です。そして何よりもまず、子どもだけが使用しているときに勝手にダウンロードしないように注意しておきましょう。

　また、たとえ安全で楽しいゲームでも、熱中して長時間やりすぎてはいけません。パソコンを1日に使ってもいい時間は、親子で話し合って決めておきましょう（94ページを参照）。

インターネット編

パスワードは仲の良い友達にも教えてはダメ。
これはパソコンを使う人同士のやくそくごと

お父さんへ　お母さんへ

　インターネットに接続するときや、さまざまなサービスを利用するときには、「ユーザーID」と「パスワード」の入力が必要です。こうした情報が他のユーザーにもれると、勝手にアクセスされたり、有料のサービスを利用されることもあります。たとえ仲の良い友達にも教えてはいけません。もし何か問題が起きたら、友達を疑うことになってしまいます。

　ケチだから教えないのではなく、パスワードは大切なものであり、人に教えてはいけないものだということを友達にも教えてあげましょう。これは、パソコンを使う人同士のやくそくごとなのです。

インターネット編

セキュリティのせっていをかってに変えたらダメ。うっかりさわっちゃったら、お父さん・お母さんにほうこく

お父さんへ　お母さんへ

　パソコンの基本設定や、セキュリティソフトの設定により、外部からの不正なアクセスを防いだり、ウイルスの活動を検知することができます。こうした設定を子どもが勝手に変更しないように気をつけましょう。子どもが決められたソフトのみ使用できるように、メニューやアイコンを整理しておくとよいでしょう。

　もし、うっかり設定画面を開いて、変更してしまったら、すぐに報告するように伝えておきましょう。

パソコンのセキュリティ設定

●セキュリティは欠かせない

パソコンが「コンピューターウイルス」(以下、ウイルス)に感染すると、データが破壊されたり、起動できなくなることもあります。好奇心から怪しいホームページを見たときや、メールのウイルス付き添付ファイルを開いたときにウイルスに感染することがあります。インターネットに接続したとたんに感染するウイルスもあります。また、パソコン内からユーザーの情報を盗み出す「スパイウエア」にも注意が必要です。パソコンを安全に使うため、セキュリティの設定を行いましょう。

●セキュリティの対策方法

ウイルスの感染やスパイウエアの侵入を防ぐため、基本的には次の3つの対策を行います。

1. WindowsやMacOSなどの基本ソフトを最新の状態に更新する

ウイルスはパソコンの基本ソフト(OS)やソフトウエアの弱点を突いて侵入します。ソフトウエアメーカーでは、弱点が発見されると、補強するための追加プログラムを提供してくれます。

2. 悪質な侵入を防ぐ壁「ファイアーウォール」を設定する

インターネットに接続して情報を得ているときは、逆に外部からも侵入できる状態になっています。侵入を許すと、データを盗み見られたり、パソコンを勝手に操作されることもあります。
侵入を防ぐには、基本ソフトの「ファイアーウォール」という機能を使います。パソコンとインターネットの間に壁を作ってデータの出入りを監視

し、安全なデータのみ通過させ、不審なデータは遮断する仕組みです。

3. ウイルスを発見・駆除する対策ソフトを導入する

万が一のウイルスの侵入に備え、ウイルスを発見・駆除するウイルス対策ソフトを導入します。この機能は基本ソフト(OS)の種類によっては含まれていないため、自分でインストールする必要があります。次々に開発される新しいウイルスに対応するため、ウイルス対策ソフトの更新も欠かせません。

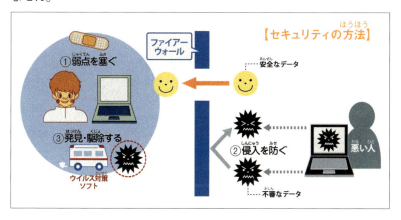

●有害なホームページの表示をブロックする

有害なホームページには、アダルトサイト、暴力や残酷な表現を含むページ、犯罪や自殺を助長するページ、出会い系サイトなどがあります。子どもの見るページをチェックしきれない場合には、有害な情報の表示をブロックする「フィルタリングソフト」や、プロバイダの「フィルタリングサービス」を利用する方法があります（21ページを参照）。

ただし、これらのソフトや機能を利用しても、すべての有害情報をブロッ

クできるわけではありません。子どもが低学年のうちはできる限りそばで一緒にインターネットを利用するようにしてください。また、ときどきインターネットの閲覧履歴も確認するようにしてください。

● 子どものレベルに合わせてパソコンを使う

基本ソフト(OS)の機能を使えば、家族個別のパソコン環境を設定できますが、小学生のうちはなるべく親子で同じ環境を使いましょう。別の環境では、メールの受信や、ツールをダウンロードしたことに気づかないことがあります。

また、家族で使うパソコンと仕事で使うパソコンは、絶対に分けてください。子どもが勝手にデータを送信したり、ウイルスに感染し、大切なデータを流出させることもあり得ます。もちろん、子どもの目に触れさせたくないソフトやデータを家族のパソコンに入れてはいけません。

安心できるショッピング・オークションサイトの見分け方

● 安全にショッピング

・お店の住所、連絡先が書いてあるかどうか

実店舗を持たないことも多いインターネット店ですが、会社の所在地や電話番号が書かれていなければ、問題が起きたときに問い合わせできません。メールしか連絡先のない会社も、信用できません。実態のない会社だと思ってください。

・返品方法などがちゃんと記載されているかどうか

購入した商品のイメージが違っていたり、輸送中に壊れてしまっているこ

ともあります。そのような場合の返品や交換方法について書かれているか確認しておいてください。

・個人情報の扱い方が記してあるかどうか
個人情報保護法によって、入力した個人情報を目的以外の方法で使用することは禁止されています。ショッピングの場合には商品の送付が目的です。個人情報の扱いに関する記載がないサイトで物品を購入してはいけません。

・暗号化の仕組みが使用されているかどうか
個人情報を入力して送信する際、他者から盗まれないように暗号化する「SSL」という仕組みがあります。この方法が採用されている場合、ホームページアドレス（URL）の先頭に「https」と表示されます。

●オークションの相手を見極める

・取引評価を参考にする
オークションサイトを利用する場合、サイトと合わせて、取引する相手を見極める必要があります。大手のオークションサイトでは、出品者に対して、これまでの取引相手が書き込んだ評価を見ることができます。これを参考に信頼できる相手かどうか確認しましょう。

・メールの問い合わせへのリアクション
実際に物品の受け渡しや振り込みを行う前に何度かメールをやりとりして、相手がきちんと対応できる人かどうか確認しましょう。

・仲介サービスの利用
商品が高額の場合、仲介サービスを利用する方法があります。手数料は必要ですが、お金を振り込んだのに物品が届かないなどのトラブルをさけることができます。

知らない人からメールが来たらひらいちゃダメ。
お父さん・お母さんにほうこく

お父さんへ　お母さんへ

　　メールアドレスを知らせた覚えのない相手から届く、広告や勧誘などの迷惑メールがあります。件名や内容が外国語の迷惑メールもあります。

　　ほとんどは、以前インターネットのサービスを利用したときに入力したことのあるメールアドレスが悪用されたものです。また、アルファベットを適当に組み合わせて作成したメールアドレスに、自動送信される場合もあります。

　　知らない相手からのメールが届いたら、子どもが自分で開かず、報告させるようにしましょう。

　　万が一開いてしまっても、以降のページで解説するように、こうしたメールに返信したり、リンクをクリックしてはいけません。迷惑メールがより増えたり、不当な請求が届くようになります。また、添付ファイルをうっかり開くことでウイルスに感染することもあります。

友達のフリをする ウソつきメールに注意する

お父さんへ　お母さんへ

　差出人の欄に人名が入り、「お久しぶり」「お元気？」のような件名で、親しい相手からの連絡のふりをする迷惑メールもあります。また、アドレス帳の情報を勝手に取得して、差出人を偽装するメールもあります。
　内容は、大人向けサイトや出会い系サイトの勧誘などがほとんどです。うっかり開いた場合にも、内容が怪しいと感じたら、報告させるようにしてください。

知らない人からのメールに返信してはダメ。
めいわくメールがもっとふえる

お父さんへ　お母さんへ

　迷惑メールは、特定の相手をねらい打ちするとは限りません。適当なアルファベットを組み合わせてメールアドレスを作成し、不特定多数の人に送信している場合があります。
　知らない相手からのメールをうっかり開いたとき、「今後メールが不要なら返信してください」のように記載されていても、返信してはいけません。相手は適当なメールアドレスに送信しているだけです。返信すると、逆に自分のアドレスが有効であることを知らせることになります。そして、以降はもっとたくさんの迷惑メールが届くようになります。

知らない人からの
メールの中にあるリンクを
クリックしてはダメ

お父さんへ　お母さんへ

　迷惑メールの中には、「お楽しみ」「出会い」「無料」「もうかる」など、興味をひく言葉がいっぱいです。そして、好奇心をそそる文章に続けて、リンクが用意されています。
　万が一メールを開いたとき、いくら気になっても、こうしたリンクをクリックしてはいけません。いきなり大人向けのサイトが開くことがあります。また、クリックしたユーザーの情報が取得されて、後から料金が請求されることもあります。

メールのてんぷファイルを いきなりひらいてはダメ。 ウイルスにかんせんするかも

お父さんへ　お母さんへ

　メールの添付ファイルには、開くとウイルスに感染するプログラムが含まれていることがあります。知らない人から届いたメールの添付ファイルは絶対開いてはいけません。

　また、知っている相手の場合にも、その人がウイルスに感染していて、知らずにウイルス付きのメールを送信している場合もあります。メールの文面を読んでも、添付ファイルに関する記載がない場合には要注意です。送ったかどうか相手に確認してみましょう。また、セキュリティソフトによるウイルスチェックを有効にしておくと、添付ファイルが安全かどうか確認できます。

せいきゅうメールがとどいてもあなたは悪くない、お父さん・お母さんに相談

お父さんへ　お母さんへ

　サービスを利用したり、商品を購入した覚えがなくても、請求書のメールが届いて驚くことがあります。そして、もし、まちがって怪しいサイトを見てしまった経験があると、こんなときはより焦ってしまうことでしょう。

　通常、有料サービスの利用時や商品の購入時には何度も確認画面が出るので、開いただけで支払いが発生することはありません。身に覚えのないメールが届いたら、架空請求だと思って間違いないでしょう。

　こうしたメールが届いたときに危険なのは子どもが自分で何とか対応しようすることです。必ず報告させるように言っておきましょう。

　万が一、子どもが高額な有料サイトを誤って利用していたとしたら、国民生活センター（93ページを参照）に相談してみましょう。

モデルになりませんか、お金がもうかりますと言われてもれんらくしてはダメ。おいしい話はないものです

お父さんへ　お母さんへ

　知らない相手から、お金がもうかります、プレゼントに当選しましたなどのメールが届くことがあります。これらも迷惑メールの一つです。世の中、そうそううまい話はありません。連絡すると、教材や商品を売りつけられて、逆に料金を請求されることもあります。

　人の善意につけ込んで、寄付を募るメールもあります。これも、知らない相手から届くことは考えられないので注意が必要です。

　また、モデルの勧誘などおいしい話で子どもを誘い出そうとするメールもあります。メールは無視して、勝手に返信や連絡をしないように言っておきましょう。

銀行などから問い合わせがきたら、お父さん・お母さんにほうこく

お父さんへ　お母さんへ

　個人情報を盗み出す「フィッシング詐欺」という詐欺メールが出回っています。手口はまず、銀行や金融機関などからの連絡を装ったメールを送りつけます。企業からのメールだと安心して開くと、「システムの変更に伴い、カード番号と暗証番号の入力が必要になりました」といった内容です。メール中のリンクをクリックすると、企業ページそっくりの偽ホームページが開き、カード番号など個人情報を入力させます。盗んだ情報から勝手にお金を引き出されるなどの被害が起きています。

　銀行や金融機関の側から連絡してきて、個人情報を入力させることはありません。このようなメールが来たら、保護者に報告させましょう。もちろん、リンクをクリックしたり、反応してはいけません。心配なら発信元となっている金融機関に問い合わせてみましょう。

不幸の手紙（チェーンメール）が来てもむし。不幸にはならない

お父さんへ　お母さんへ

不幸の手紙のメール版です。最近では、LINEのメッセージで届くこともあります。「メールを読んだら、12時間以内に10人に転送しなければ不幸になる」のように記載されています。あるいは、「メールの実験です。すぐに10人に転送してください」などの記載もあります。これらはチェーンメールとよばれます。このように、複数に向けての転送をうながすメールは無視してください。

このようなメールやメッセージが届いたからといって、不幸になることはないことを子どもにきっちりと教えてあげましょう。むしろ、メールやメッセージを広げることで周りの友達を不快にしてしまうことのほうが、不幸です。

メールやメッセージを出すときは気もちがちゃんと伝わるかもう一度読み直してみよう

お父さんへ　お母さんへ

　向かい合った会話なら表情がわかるし、電話なら声のトーンが伝わります。手書きの手紙なら筆跡から相手の様子が思い浮かびます。

　けれど、活字のメールやメッセージは相手に冷たい印象を与えがちです。本来の意図が伝わらず、相手に不快な思いをさせることもあります。

　メールやメッセージを書いたら、いったん落ち着いて、送信前に必ず一度読み直すようにしましょう。気持ちを伝えるのが難しいと思ったら、顔文字を使って感情を表現する方法もあります。

安全なメールやメッセージのやりとり

●メールやメッセージのマナー

手紙ほどのかたくるしさはなく、気軽に出せるのが(電子)メールやメッセージの良いところです。ただし、最低限のマナーは守りましょう。相手が友達なら、会話調のくだけた文体でかまいませんが、先生や目上の人に送る場合、きちんと敬語を使って書きましょう。このあたりは、一般的な会話や手紙と同じ常識が適用されます。

また、読みやすくするための工夫も必要です。右側に文章が長くなりすぎないように、30字程度で行をおり返すと読みやすくなります。そして、段落のあいだは1行空白を作ると、ぎっしり文字が詰まった印象がなくなります。文章の終わりには誰から送ったメールかわかるように署名を付けておきましょう。メールソフトの設定で、署名を登録しておくこともできます。

そして、送信前にはしっかり読み直してから送る習慣をつけましょう。電話のように声のトーンは伝わりませんし、手紙のように、字のクセも表れないので、キツイ調子で書かれたと誤解されがちです。

【メール文例】

```
りえちゃんへ

今日は久々に会えて楽しかったよ (*^_^*)
りえちゃんの持ってたバッグ、かっこよかったなぁ。
私もほしい！
よかったら今度どこで買ったか教えて。

それじゃあ、またね～ (^_^)/~

♪..*..♪..*..♪..*..♪..*..♪..*..♪
  いけもと　さくら
  e-mail:sakura@XXX.ne.jp
♪..*..♪..*..♪..*..♪..*..♪..*..♪
```

【署名の例】

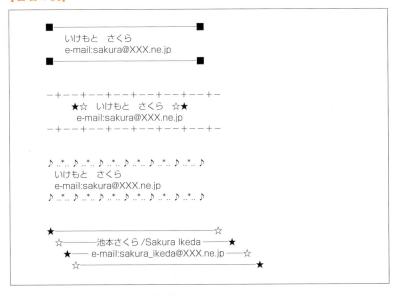

●メールのセキュリティ設定

外部とデータをやりとりするメールは、ウイルスの感染源になりがちです。特に、添付ファイルにウイルスが付加されていて、開くと同時に感染することがあります。また、メールに貼り付けられた画像を表示するだけで、ウイルスに感染することもあります。メールソフトの設定で、画像は非表示、添付ファイルはいきなり開かないようにしておくと、感染を防ぐことができます。

また、セキュリティソフトを導入すれば、メールの受信と同時に添付ファイルのウイルスチェックを行うことができます。このとき、迷惑メールや詐欺メールを自動的に分類することも可能です。

安全に役立つサイト紹介

インターネットを子どもと一緒に安全に使うためのノウハウがいっぱいのホームページ

○ **Yahoo! きっず**

https://kids.yahoo.co.jp/

検索ページの「Yahoo! JAPAN」には、「Yahoo! きっず」が用意され、子どもが見ても安心なサイトだけ検索できるようになっています。ほかにも、小学生向けの新聞記事を読んだり、学習ドリルに挑戦したりすることができます。また、保護者、先生向けのページも用意されています。

○ **インターネットを利用するためのルールとマナー集(こどもばん)**

https://www.iajapan.org/rule/rule4child/v2/

財団法人インターネット協会のサイトです。インターネットを使う上で身につけておくべきことが簡潔にまとめられています。詳しい解説や保護者用の解説を別ウィンドウで表示できます。

被害にあってしまった場合に役立つホームページ

○ 国民生活センター

http://www.kokusen.go.jp/

消費・生活のトラブルに関する情報を掲載しています。インターネットでのトラブルについても、具体的な相談内容に対する解説やアドバイスが掲載されています。トラブルを事前に回避するためにも目を通しておきましょう。全国にある消費生活センターの連絡先も載っています。

○ 警察庁　サイバー犯罪対策プロジェクト

https://www.npa.go.jp/cyber/

サイバー犯罪への対策が紹介されています。「インターネット安全・安心相談」では、よくある相談事例や、予防のためのアドバイス、実際に被害にあった場合にどうするかについて掲載されています。また、「各都道府県のサイバー犯罪相談窓口」で、各窓口のURLを調べることが出来ます。

○ 違法・有害情報相談センター

https://ihaho.jp/

インターネット上の違法・有害情報に関する相談窓口です。インターネット上の誹謗中傷、名誉毀損、プライバシー侵害といった書き込みへの対応や削除要請方法、その他トラブルに関する対応方法などが紹介されています。

※本ページに掲載している情報は、本書作成時点の内容です。
ホームページアドレス（URL）や内容は変更となる可能性があります。

家族のやくそく表（書き込み式）

○ **パソコンやスマートフォン、タブレットを置くところ**
（　　　　　　　　　　　　　）
※リビングルームなど、わからないことがあったときにお父さん、お母さんにすぐに聞くことができるところにしましょう。スマートフォンも、自分の部屋に持ちこまない、あるいは寝るときにはリビングルームにおくなどのルールを決めておきましょう。

○ **パソコンやスマートフォンを1日に使ってもいい時間**
（　　　）時間
※1〜2時間を目安としましょう。

○ **パソコンやスマートフォンを使ってもいい時間帯**
（　　）時から（　　　）時の間
※上で決めた時間以内であっても、夜おそくに使うのはやめましょう。

○ **インターネットにつないで最初に開くページ(小学生)**
（　　　　　　　　　　　　　）

※「Yahoo!きっず」など、子ども向けのインターネット「入り口サイト」がおすすめです

○ **自分だけで見てもいいページ（小学生）**

[
]

どんどん追加していきましょう

○ **自分だけで使ってもいいソフト（小学生）**

[
]

どんどん追加していきましょう

○ **使っているSNS（中学生）**

[
]

| 文 | **いけだとしお** | 文 | **おかもとなちこ** | 絵 | **つるだなみ** |

二児の父。株式会社ジャムハウスの代表。最近は、小学生から楽しめるプログラミングや電子工作などの本を多く扱っています。

ジャムハウスにて主にソフトウエアの解説書の執筆・編集を行う。実生活では、娘と息子を相手に毎日格闘中。子育てと仕事に追われる日々を過ごす。

イラストレーター、羊毛フェルト作家。手作り雑貨のサイト「ちくちく（chic chic.）」にて、作品をご紹介中です（http://www.chicchic-felt.com/）。

●本書で紹介したインターネットのサービス、ソフトウエアに関するご質問は、各プロバイダ、メーカー、開発元の担当部署にお尋ねください。

●本書の内容に関する感想、お問い合わせは、下記のメールアドレスあてにお願いいたします。電話によるお問い合わせには、応じかねます。

メールアドレス◆mail@jam-house.co.jp

●本書に掲載している情報は、本書作成時点の内容です。ホームページアドレス（URL）や、サービス内容は変更となる可能性があります。

●本書の内容に基づく運用結果について、弊社は責任を負いません。ご了承ください。

**最新版
親子で学ぶインターネットの安全ルール
小学生・中学生編**

2018年4月10日　初版第1刷発行
2021年8月25日　2版第1刷発行

著者	いけだとしお　おかもとなちこ
絵	つるだなみ
カバー・ページデザイン	船田久美子（ジャムハウス）
編集・DTP	株式会社ジャムハウス
発行人	池田利夫
発行所	〒170-0004　東京都豊島区北大塚 2-3-12 ライオンズマンション大塚角萬 302号室
印刷・製本	株式会社厚徳社

ISBN 978-4-906768-46-2
定価はカバーに明記してあります。
© 2021
JamHouse
Printed in Japan